Reiseerzählungen und geografische Bilder um das Jahr 1870

Textcopyright:Stephan Doeve©2016

Alle Rechte vorbehalten

Herstellung und Verlag:
BoD - Books on Demand, Norderstedt
ISBN 978-3-7392-3156-3

Reiseerzählungen und geografische Bilder um das Jahr 1870

Stephan Doeve

Inhaltsverzeichnis

Einleitung 5

Reise durch Sibirien. 9

Die Chinesen 27

Japan und seine Bewohner 40

Armenien 55

Persien und die Perser 60

Arabien 68

Madagaskar 76

Siam und seine Bewohner 82

Die Anden... 92

Thierleben in Mittel-Amerika 103

Tunis 117

Einleitung

Das 19. Jahrhundert war nicht nur eine große Zeit der bedeutendsten Erfindungen durch die Menschheit, sondern auch eine große Zeit der Entdecker unseres Planeten.

Die Namen der großen Entdecker sind wohlbekannt. Aber es gab auch einfache Reisende, die ihre Eindrücke und Erlebnisse auf ihren Weltreisen niederschrieben. Sie beschrieben nicht nur geografisch ihre Umgebung, sondern auch die Sitten und die Gebräuche der dort lebenden einheimischen Bevölkerung sehr ausführlich und interessiert.

Den folgenden Reiseerzählungen und geografischen Beschreibungen aus Asien, Mittelamerika und Afrika, sind aus dem Schulbuch "Geografische Bilder – Darstellung des Wichtigsten und Interessantesten aus der Länder- und Völkerkunde" von August Mauer aus dem Jahre 1872, das jahrzehntelang immer wieder neu aufgelegt wurde. Auch vor 1872 sind schon Ausgaben dieses Buches erschienen. Zu dieser Zeit zum Beispiel war Afrika noch nicht ganz erforscht gewesen und der Sklavenhandel war dort noch verbreitet. In Japan hatte die alte Kriegerkaste der Samurai ihre Jahrhundertalten Privilegien verloren und begann sich langsam unfreiwillig aufzulösen.

Bei jeder Neuauflage des Buches wurden damals nicht alle politischen Veränderungen in den dargestellten Ländern berücksichtigt und erwähnt. So kann es sein, dass die Länderbeschreibung und vor allem die politische Lage der erwähnten Ausgabe nicht mehr der Zeit um 1872 entsprechen, weil die Texte unverändert aus den letzten Ausgaben übernommen wurden. Denn wie heute auch kann sich die politische Lage in einem Land schnell ändern. Der Untergang der japanischen Samurai ab dem Jahre 1866 ist das beste Beispiel dafür, deren Schwerter und Bogen den Gewehren der neuen japanischen kaiserlichen Armee unterlegen waren.

Die Texte in den Reiseerzählungen und geografischen Beschreibungen der Länder sind zum Teil unverändert in ihrem originalen Wortlaut und Schreibweise übernommen worden.

Reise durch Sibirien.

Der Engländer Atkinson ist zum Vergnügen und um seine Mappe mit Bildern zu füllen, mehrere Tausend Meilen durch Sibirien gereist und hat ein starkes, vielfach und vortrefflich mit kolorierten Landschafts- und Menschenbildern ausgestattetes Buch darüber geschrieben. Nach diesen Bildern (und auch oft nach dem Texte) zu schließen, ist Sibirien ein Paradies, wenigstens "fleckenweise" wie wir sagen.

"Um den Bea-See herum fand ich „ sagt er "die unzweifelhaft schönsten Gegenden der Welt." Und wenn er richtig gezeichnet hat, muss man das sofort den Bildern gegenüber zugeben. Wir können ihn hier nicht überall hinbegleiten; wir begnügen uns mit einzelnen Bildern aus der merkwürdigen, russischen Riesenwelt, in welcher jetzt mit frischer Kraft und festem Plane Bildung und Unternehmungsgeist hineingetragen wird, vielleicht bis Indien und China, über welches das sibirische Russland hinausreicht- bis an das Meer.

Sibirien ist schon von Natur sehr reich, reich an Gold und Silber, nützlichen Erzen und Kohlen. Atkinson meint, Sibirien sei reicher an Kohlen, als irgendein Theil der Erde. Er fand dicke Kohlenlager offen liegend übereinander, sogar eine 30 Fuß dicke Schicht in den Altaigebirgen. Damit kann man der wütendsten Tyrannei des Winters trotzen und Maschinen treiben und die Petersburger Treibhäuser, die Erdbeeren und Kirschen frisch vom Baume im Januar liefern, im großartigsten Maßstabe anlegen. An Platz fehlt es ohnehin nicht in Sibirien. Und was für ein Sommer! Zwar bloß einer von 128 bis 150 Tagen jährlich und oft auf einer 600 Fuß dicken Eisdecke, auf welcher der Boden oben bloß drei bis sechs Fuß aufthaut. Aber auf dieser Eisdecke ein schneller, tropischer Sommer, der eine vierzig - bis fünfzigfache Feldfrucht empor, in Blüthe und Frucht treibt und unabsehbare Oeden des Winters in berauschende Reseda-Auen verwandelt. Das

Merkwürdigste ist, dass in Sibirien die heiße und kalte Zone sich vielfach begegnen, ja miteinander freundschaftlich vereinigen. Der Tiger zieht in die Wälder, in welchen der nordische Bär sein Winterschläfchen macht, und bei Rertschinsk wächst der Pfirsich-Baum wild mit süßen Früchten neben der nordischen weißen Birke. In den Regionen des Baikal-Sees bekämpfen sich einander die einheimischen und tropischen Thiere und Pflanzen.

Dieses Ineinandergreifen klimatischer Gegensätze wird durch die Beschaffenheit des Bodens und der raschen, kräftigen Sommersonne erklärt. Zwischen der dauernden inneren und der wechselnden oberen Erdwärme zieht sich eine dicke Eismauer hin, bei Jakutsk, der kältesten bewohnten Gegend, 630 Fuß dick, die im Sommer 3 Fuß dick aufthaut, aber Weizen, Roggen, Kohl, Kartoffeln u.f.w. treibt und reift. Unter der Eisdecke friert es nie und unter ihr hervor drängen sich warme Quellen, die bei 23 Grad Kälte in der Luft noch 3 Grad Wärme behalten. Und sich unten um Wurzeln und Stämme der Pflanzen lagern, da sie nicht wieder durch die untere feste Eisrinde eindringen können. In dem Thale des schwarzen Jakutflusses kam unser Reisender in eine tiefe, ganz mit Schnee gefüllte Kluft, aus welcher hohe

Pappeln mit ihren grün belaubten Kronen hervorragten, obgleich die Stämme 25 Fuß tief im Schnee und Eis staken. Nur dicht um ihre Stämme, neun Zoll breit, war der Schnee aufgetaut, sodass sie im Wasser standen. Oft sah er herrliche Blumen, bescheidene, weiße Schneeglöckchen, frisch und freudig mit buntem Sommerputz durch Schneedecken hervorgucken. Sie haben Eile, denn der Sommer kommt so rasch, wie er verschwindet. Es klingt fabelhaft, wie schnell! Atkinson gerieth einmal mit seinen Wagen in einen Wald, wo er fünf Wochen vorher nur eine glatte, kahle, frostgebundene Schneedecke gefunden. Der Wald bestand aus Fenchel, der während der fünf Wochen zehn Fuß drei Zoll hoch aus der Eisdecke, jetzt ein tropisches Sommerleben, hervorgeschossen war. Manchmal wuchsen ihm Pflanzen, während er Landschaften zeichnete, über die ursprünglichen Umrisse hinaus.- So schnell kommt der Sommer, so schnell treibt er, so schnell wird er aber auch vom Winter weggetrieben. Manchmal legt man sich an einem schönen Sommerabende unter einem schattigem Baume schlafen (Gasthöfe gibt es häufig auf ein paar Hundert Meilen umher ebenso wenig, als menschliche Wohnungen) und er wacht unter ganz blätterlosen Zweigen, bedeckt mit sechs bis zehn Zoll hohem Schnee. Eine

Woche, und die üppigste, grüne Sommerlandschaft starrt todt, wie ausgebrannt von wüthenden, eisig stechenden Buranstürmen, mit denen knatternde, laublose Wälder zackig geweihte Rennthiere und rasende Schneewolken, Wölfe und die über Hunderte von Meilen weg-und stegloser Wüste dahinfliegen- den Postillone Sibiriens um die Wette jagen und segen. Und dann diese erhabenen Gebirgslandschaften! Im Winter lange glänzende Nächte hindurch und gegenüber der von unten heraufscheinenden Sonne in den prächtigen, goldenen, blauen, orangenen Farben wie Feen-Paläste und

Diamantenburgen weithin erglänzend, dann wieder im Sommer unten mit Cedernwäldern (Gebirgs-Ceder) und reicher Weide beladen. Und diese Flüsse, Ströme, Wasserfälle! Ströme, unter dem plötzlich hereinbrechenden Sommer zu Oceanen aufschwellend und Hunderte, Tausende von Eisfestungen mit sich fortreißend, donnernd, krachend, rauschend, meilenweit hörbar, über die Ebenen, durch Wälder, über Thal und Hügel, und sich ausdehnend mit diesen Riesenlasten über ungemessene Weiten bis hinunter in das nordische Meer, wo diese sibirischen Riesenströme das ganze diamantene, oft 100 Fuß dicke oceanische Eis auf-und fortreißen und hinaustreiben bis weit in das atlantische Meer - schwimmende Gletscherinseln, das Entsetzen der Schiffe. Und wie werden diese größten Riesen aller Ströme geboren? Ihr Vater ist ein halber Tropfen. Oben auf den Gebirgsspitzen verdichtet sich der Nebel zu Tropfen. Ein Solcher fällt auf eine Felsenkante oben und theilt sich. Die eine Hälfte fließt nach Süden ab, die andere nach Norden mit eisigem Thau zusammenfließend, sich ergänzend, verdoppelnd, immer rascher, immer massenhafter, bis der halbe Tropfen zu fließen, zu sickern, zu stürzen, zu rauschen anfängt und ihm von allen Seiten andere halbe Tropfen zustürzen, sodass er unten als

Fluss und nach millionenfacher Bereicherung und tausendmeiligen Lauf als nordischer Oceanbrecher ankommt.

Auch an Menschen fehlt es nicht in der ungeheuren Ausdehnung Sibiriens. Sogar blühende Städte und Champagner trinkende, frohe, herzliche Gastfreundschaft kommen vor. In Irkutsk, für das Herz Sibiriens gehalten, blüht ein Gymnasium, wo die Jungen alle Gymnasialwissenschaften und Deutsch, Englisch und Französisch lernen müssen, wie in Deutschland. Die nomadischen, wilden Völker auf ungeheuren Ebenen haben in ihrer Kraftfülle, fabelhaften Abhärtung und in ihrem Muth etwas

Poetisches und sehen zum Theil, nach Abbildungen zu schließen, schön aus. Unter den Kirgisen ist Muth die Erste und Haupttugend. "Um ihre Achtung zu gewinnen", erzählt uns Atkinson, „muß man vor allen Dingen der verwegenste Reiter sein. Hat er dazu ein scharfes, schnelles Auge und nie eine fehlende Hand beim Schießen, verehren sie ihn und seine freiwilligen Knechte. Ein Zeichen von Furcht vor irgendeiner Gefahr – und es ist aus mit ihm."

Unser Engländer war ein Mann für sie, riesig, ausdauernd und seine Kirgisen in Verwegenheit überbietend. Sie sagten ihm einmal, dass ein ausgetretener, reißender

Strom mit dem Pferde nicht durchschwommen werden könne. Sofort trieb er sein Pferd in die donnernde Fluth und ritt kühn am andern Ufer hervor. Ein Kirgisen-Häuptling, "der riesenhafte und reichste Mann in den Steppen," schenkte ihm dafür ein Schaf, aber ein krankes. Atkinson schickte es zurück mit dem Auftrage, dass der Häuptling in seinem großen Körper das Herz einer Maus haben müsse. Der Riesenhäuptling wüthet, aber Alles um ihn her bewundert den verwegenen Engländer, der nicht nur gewagt habe, den reißenden Fluss zu durchreiten, sondern auch den stärksten, reichsten, größten Mann zu beleidigen. Dies sieht der Riese sofort ein - viele demüthige, gebildete Christen, die Macht haben, beschämend - er bittet den Engländer um Verzeihung, ladet ihn zu sich ein und lässt sich mit Weib und Kindern und seinem Lieblingsadler zeichnen. Wir erfahren auch, wie es in einer solchen reichen Kirgisenhäuslichkeit zugeht und aussieht.

"Des Nachts verirrt hörten wir fernes Hundegebell. Zwei von uns ritten in der Richtung dieses Gebell ab und schrien uns zu, nachzukommen. Kurz darauf erreichten wir ein Aoul (Nomadendorf). Meine Kosaken schrien den Häuptling heraus und machten mir es in dessen Court (Hütte) bequem. Der Häuptling setzte mir zuvorkommend Ziegelsteinthee (eine aus Theeblättern und Blut bestehende feste Mischung, die, in kochendem Wasser aufgelöst, wie Suppe genossen wird) und geräuchertes Pferdefleisch vor. Wir hatten durch unsern geräuschvollen, nächtlichen Einzug das ganze Dorf in Bewegung gebracht, sodass sich mein „ Yourt „ bald mit Kirgisen füllte, die uns mit aller Macht anguckten. Ich gab dem Häuptling Theeblätter und weißen Zucker, worüber er ganz entzückt war, besonders da ich darauf bestand, dass er neben mir auf dem ausgebreiteten Teppich sitze, der Thür gegenüber, dem Ehrenplatze. Mein Wirth war ein schöner, alter Mann mit spärlichem grauem Haar und einer tiefen Narbe an dem linken Backen, einem Denkmal eines früheren Raubzuges. Er trug einen Rock von braunem Pferdefell, dessen Mähne am Rücken herabhing, gegürtet mit einem scharlachfarbenen Shawl, mit einem kegelartig geformten Fuchsfelle als Mütze auf dem Kopfe und hochbackigen Schuhen an den Füßen. Seine Frau sah alt und schmutzig aus, bekleidet mit einem schwarzsammetnen Oberrock, der sie bis auf die Füße einhüllte, gegürtet mit einem weißen Shawl und einer baumwollenen, turbanähnlichen Kopfbedeckung.

Die Kinder, in braunen Lammfellröcken, kauerten beim Feuer, mich unabgewandt in allen Bewegungen bewachend und anstaunend. Meine Kosaken machten mir ein Lager von Kamelhaarmatratzen zurecht, zwischen welchen ich bald hübsch warm einschlief. Die Hütte war etwa 25 Fuß im Durchmesser und 10 Fuß hoch in der Mitte. Neben mir lagen mehrere kostbare Teppiche und standen mehrere Kisten voller Reichthum. Meine Kosaken legten sich quer vor die Thür schlafen (wie jedes Mal). Auf der andern Seite der Kisten schlief der alte Häuptling mit Familie."

Das ist vornehmes Leben. Gemeine Sibirier kommen oft Jahre lang unter kein anderes Dach, als welches sich jeden Abend aufbauen. Auch graben sie sich oft blos in den Schnee und schlafen darunter besser aus, wie wir unter ächten Eiderdaunen mit Wärmflasche.

Die Chinesen

Dieses Volk hat schon in einer sehr frühen Zeit einen hohen Grad von Bildung erreicht, und die Buchdruckerkunst, das Schießpulver, den Kompass, den Telegraphen u.f.w. kannte man hier weit früher, als sie in Europa erfunden wurden. Aber der Stolz und Eigendünkel der Chinesen hindert sie, von anderen Völkern etwas Gutes zu lernen und anzunehmen. Daher kommt es denn, dass sie in den Künsten und Wissenschaften jetzt durchaus nicht weiter sind, als sie schon vor Jahrhunderten darin waren, und dass sie ihre Sitten und Gebräuche nicht im

Geringsten verändern, obgleich viele derselben höchst lästig und abgeschmackt sind. Übrigens ist der Chinese äußerst arbeitsam, ausdauernd und in allen Handarbeiten unglaublich geschickt. Es gibt wenig Länder, welche so sorgfältig angebaut sind, als China; selbst die Hügel und Berge werden benutzt, indem man sie mit großer Mühe terrassenförmig bearbeitet und auf ihrer Spitze Wasserleitungen anlegt, um sie gehörig zu bewässern. Aber in keinem Lande wird der Ackerbau auch wohl so geschätzt, als hier. Unter großer Feierlichkeit führt der Kaiser mit den Prinzen und vornehmsten Staatsbeamten jedes Frühjahr eigenhändig den Pflug, vor welchen Ochsen gespannt werden, über ein kleines Feld, um den Landbau zu ehren. Das Getreide, welches das Erzeugnis der kaiserlichen Arbeit ist, wird verwendet, um die Kuchen daraus zu backen, welche der Kaiser dem Himmel opfert.

Männer und Frauen tragen lange und weite, unseren Schlafröcken ähnliche Kleider, welche bis auf die Erde reichen, und unter denselben Beinkleidern. Das Haupthaar wird bis auf einen Büschel auf dem Wirbel, den man als Flechte trägt, ganz und gar abgeschoren.

In den höheren Ständen werden den Mädchen gleich nach der Geburt die Zehen unter die Fußsohlen gedrückt und durch

Binden befestigt, wodurch der Fuß oft nur eine Länge von vier bis fünf Zoll erhält und die Knochen anschwellen, sodass das Gehen höchst beschwerlich und unsicher wird.

Höchst schwierig ist die chinesische Sprache und nächst der hebräischen wohl die älteste auf Erden; sie hat allein gegen 4000 Schriftzeichen, woraus sich die schwierige Aufgabe ergibt, welche die Erlernung dieser Sprachen Missionaren bereitet. Die Chinesen schreiben die Wörter untereinander, sodass die Zeilen spaltenweise die Seite von oben nach unten füllen. Die Missionare haben jetzt angefangen, die chinesische Sprache mit lateinischen Buchstaben zu schreiben. Die alte Zahl der Buchstaben hat aber nicht ausgereicht. Sie haben sich Zeichen für 39 Selbstlaute und 35 Mitlaute gemacht - Die gebildeten Chinesen haben eine andere und bessere Religion als das gemeine Volk. Diese Religion rührt von einem gewissen Confucius her, der 550 vor Christi Geburt lebte und die Verehrung eines einzigen höchsten Wesens lehrte, das die Welt erschaffen habe. Das Volk verehrt ungeheure Götzenbilder, welche in den Tempeln mit kreuzweise übereinander gelegenen Beinen sitzen, und lässt sich von seinen Priestern betrügen. Ein Jeder hat auch in seinem Hause einen Götzen, an den er seine täglichen Gebete richtet, und den er nicht selten prügelt, wenn er nicht Erhörung findet. Die drei Hauptgötter der Hindus sind: Brama, der Schöpfer; Wischnu, der Erhalter; Schiwa, der Zerstörer. Aus dieser einfachen Lehre von einem dreibeinigen Gott hat sich aber arge Vielgötterei entwickelt. Sonn- und Festtage haben die Chinesen nicht; aber die beständig offenen Tempel sind täglich mit Betenden angefüllt und man unternimmt keine wichtige Handlung, ohne sich vorher in den Tempel zu begeben, - Vier Stände gibt es bei den Chinesen: Den Gelehrtenstand, wozu auch die Krieger gehören, die Ackerbauer, die

Handwerker und die Kaufleute. Die Sklaven werden gut behandelt.

Die Hauptstadt des ungeheuren chinesischen Reiches ist Peking. Sie ist die größte und bevölkertste Stadt auf der Erde und zählt über zwei Millionen Einwohner. Die eigentliche Stadt hat einen Umfang von 5 Meilen und einige der zwölf Vorstädte dehnen sich ebenfalls meilenweit aus. Die eigentliche Stadt wird von einer hohen und breiten Mauer, auf welche vier Wagen neben einander fahren können, umgeben. Die Thore sind sich alle gleich an Größe und Bau. Sie werden von Thürmen aus blauen Ziegeln überragt. In jedem Thore befindet sich ein Militärposten, ein

Zollbeamter und ein Polizeidiener, letzterer, um den Eintretenden sie Pässe abzufordern. Neben jedem Thore gehen Rampen in die Höhe, welche der Kavallerie gestatten, auf die Mauern hinaufzureiten. Sehr wunderlich sind zum Theil die Namen der Thore gewählt. Von den beiden im Norden heißt das eine Thor des Entzückens der Tugend, das andere das Thor des dauerhaften Friedens. Unter den vier östlichen ist das Thor der aufgehenden Sonne und das Thor des großen Kanals zu erwähnen, unter des südlichen das Thor der ewigen Beständigkeit, unter den übrigen das Thor der vollkommenen Ruhe, das Thor der Weisheit würdiger Wissenschaften und das

Thor kriegerischen Ruhmes. An fast allen diesen Thoren trifft man Scharen gesattelter und gezäumter Esel, auf denen man für etwa vier Silbergroschen unseres Geldes die Stunde die Mauer umreiten kann.

Peking ist der Erdbeben halber sehr leicht gebaut, und die Häuser, von denen viele nur aus Holz bestehen, sind fast ohne Ausnahme einstöckig, die der Vornehmen daher sehr ausgedehnt. Alles ist gesetzlich vorgeschrieben. Das Gesetz sagt, dass der Mandarin erster Klasse so viel, der Mandarin zweiter Klasse so viel Ziegel zu seinem Hause verwenden, so viel Säulen an der Vorderseite anbringen, so viele Höfe haben darf, und nicht mehr. Auch der

Kaiser ist in dieser Hinsicht beschränkt, auch er ist genöthigt, im ersten Stockwerke zu wohnen. Die breiten und regelmäßigen Straßen sind mit reich ausgestatteten Läden geziert - So bevölkert und lebhaft auch unsere europäischen sein mögen, sie geben doch nur einen unvollkommenen Begriff von dem Lärme, der Bewegung und der Menge in Peking. Hier findet man endlose Reihen Kamele, die mit Gütern ferner Länder beladen sind, und eine zahllose Menge Wagen und Karren, auf welchen Gemüse u.f.w. vom Lande in die Riesenstadt gebracht wird. Ungeachtet dieses furchtbaren Gewühls in den Straßen und der ungeheueren Bevölkerung, herrscht in der Stadt die größte Sicherheit und Ordnung, weil die Polizei überaus streng ist. - Die Umgebung der Stadt ist sehr schön. Ringsum sieht man Getreidefelder und Gärten mit wohlriechenden Sträuchern und Bäumen unter denen prächtige alte Cypressen wie schwarze Säulen auftauchen, zahllose Tempel mit glänzenden Ziegeln, malerische Bonzenklöster und große Begräbnisplätze mit grünen Baumwipfeln. - Im Jahre 1662 begrub ein Erdbeben in Peking 300.000 Einwohner, und 70 Jahre später kamen 100.000 auf dieselbe Art ums Leben.

Das größte Festungswerk, das die Menschen erbaut haben, ist unstreitig die

300 Meilen lange Mauer, welche etwa 250 Jahre vor Christi Geburt von den Chinesen errichtet wurde, um die nördlichen Provinzen des Reichs vor den Einfällen der Tartaren sicherzustellen. Dieses Bollwerk besteht eigentlich aus zwei Mauern, deren Zwischenraum mit Schutt und Erde ausgefüllt ist. Die Höhe beträgt 25 und die obere Dicke 15 Fuß. In gewissen Entfernungen trifft man große Thore an, die durch Schanzen geschützt werden, und alle 300 Fuß erhebt sich ein hoher Thurm. Der Hauptthurm und das Hauptthor sind eingestürzt, und auch an vielen anderen Orten finden sich bedeutend schadhafte

Stellen, welche jetzt nicht mehr ausgebessert werden.

Japan und seine Bewohner

Das japanische Reich hat 7027 Quadratmeilen Flächeninhalt und wird von 35 Millionen Menschen bewohnt; es besteht aus den drei Inseln Niphon, Sikok und Kiusiu, welche von einer vulkanischen Bergkette durchschnitten werden. In den Gebirgen finden sich häufig heiße Mineralquellen; Naphthaquellen sind gleichfalls nicht selten. Die japanischen Berge erheben sich manchmal vereinzelt, manchmal in Gruppen, und die Thäler münden gemeiniglich in breite wohlangebaute Ebenen. Die vielen Flüsse haben einen kurzen reißenden Lauf.

Das Klima Japans ist ein regelmäßiges und gesundes zu nennen; an der Nordwestküste ist es aber durchschnittlicher kälter, als im mittleren Europa. Die Ebenen nordöstlich von Yeddo bis in den 38. Breitengrad sind so fruchtbar, daß sie die „ Kornkammer Yeddos " genannt werden. Der Fleiß der Bewohner und das herrliche Klima haben Japan zu einem der fruchtbarsten Länder der Welt gemacht. Das Bewässern der Felder wird von besonders dazu bestimmten Personen sorgfältig überwacht. Die steilsten Bergabhänge, in Terrassen abgetheilt und mit aller Sorgfalt bewässert geben noch eine reiche Ernte, und wo kaum Platz zum

Fußfassen vorhanden ist, stößt das Auge auf kleine Feld- und Gartenstücke.

Während der Monate Februar, März und April bedecken schon Blumen den Boden, und selbst gewisse Früchte kommen im Süden vor. Zu dieser Zeit standen in der Bai von Yeddo herrliche, 25-30 Fuß hohe Büsche der Camelica japonica in vollster Blüthe, und bildeten im Verein mit den üppig grünen Weizen- und Reisfeldern einen lieblichen Gegensatz zu den mit schneebedeckten Gebirgen. Im Mai wetteifert die Thätigkeit der Menschen mit der schaffenden Urkraft der Natur, und ein lachendes Grün erfrischt und entzückt das Auge, das im Juni, tiefer und voller sich färbend, den Sommer verkündet. Das Bambusrohr, die Palme und der Bananenbaum breiten ihre zierlichen Zweige aus, und die Orangen und tausend andere duftende Pflanzen erfüllen die Luft mit ihren Wohlgerüchen. Im Juli wird die erste Ernte heimgebracht, und die gleich darauf eintretende Regenzeit bereitet den Boden für eine zweite Saat. Im September und Oktober bilden schon Herbstblumen ein zweites Frühjahr, und der später eintretende Winter gestattet der Natur eine kurze Ruhe, aus der sie im nächsten Frühjahr zu neuer Thätigkeit erwacht. Manche Früchte erreichen eine fabelhafte Höhe, wie man weiße Rüben und von 3 Fuß

Länge vielfach gesehen hat, und manche südliche Pflanzen sind durch die sorgfältige Gartenkunst der Japaner einheimisch gemacht, sodass dies seltene Land durch die sorgfältige Gartenkunst zu dem schönsten Garten gemacht ward, der es jetzt ist.

Die Gewässer Japans sind fischreich und auch das Reich der Vögel und Säugethiere ist zahlreich bevölkert. Büffel, Ochsen und Kühe sind vorhanden, werden aber nur zu Lastthieren verwendet, da die Religion dem Japaner verbietet, ihr Fleisch zu genießen. Die zahlreichen Pferde sind meist kleiner und kräftiger Rasse; Esel, Maulthiere, Elephanten und Kamele sind unbekannt. Schweine sind in geringer Zahl vorhanden:

Der Hunde und Katzen sind aber Legionen. Hirsche sind in den Gebirgen häufig, gleichweise Bären, die von bedeutender Größe sind. Hyänen und Panther sollen zu Zeiten vorkommen, Hasen und Füchse dagegen in großer Anzahl. Eber halten sich in den Dickichten der Gebirge auf und Ratten und Mäuse sind eine große Landplage. Der Fasan, welcher sich in den Bergen findet, ist bei Weitem der schönste jagdbare Vogel, den man kennt. - Reptilien sind nicht sehr zahlreich, dagegen kommen Insekten in großer Menge vor.

Die Japanesen sind ein gut gewachsener Menschenschlag, schnell und behend. Die Farbe ihrer Haut ist gelblich und geht zuweilen in das Braune über. Der Kopf ist verhältnismäßig groß; die Augen sind länglich und schmal und liegen tiefer im Kopfe, wie bei andern Völkern; das Haar ist schwarz, die Nase kurz und dick. Dem Charakter nach sind die Japanesen verständig, vorsichtig, gutmüthig und freundlich. Was ihre Bildung anbetrifft, so haben sie unter allen östlichen Völkern die höchste Stufe der Verfeinerung erreicht. Die meisten Japanesen, die auf höhere Bildung und Stellung Anspruch machen, sind entweder in Yeddo (Hauptstadt des Reiches) erzogen worden, oder haben wenigstens einige Zeit in diesem Paradiese zugebracht. In Hinsicht der Betriebsamkeit,

Kunst und Wissenschaft übertreffen sie gegenwärtig die Chinesen, obgleich sie nur Schüler dieses Volkes waren.

Im Ackerbau sind die Japaner Meister. Die Ländereien sind sorgsam mit Reis, Roggen, Weizen, und Gerste besäet. Auch im Gemüsebau sind sie nicht unberühmt. Rettige werden z. B. von ihnen gezogen, die ein Gewicht von 50 Pfund haben.

In der Kunst, die Metalle zu verarbeiten, sind sie ebenfalls weit vorgeschritten. Alles, was aus den Händen eines japanischen Gold- und Silberarbeiters, eines Eisen-und Kupferschmiedes kommt, ist so sauber und hübsch, dass es Nichts zu wünschen übrig lässt.

Die Waffen der Japanesen sind Bogen, Pfeile, Säbel und Flinte. Die Holzschnitzereien, mit denen manche Häuser und Tempel verziert sind, zeigen eine große Kunst. Dasselbe lässt sich von den Malereien und Zeichnungen sagen. Ihr Papier machen sie von der Rinde der Maulbeer -und anderer Bäume, ist aber so dünn, dass es nur von einer Seite bedruckt werden kann. Lesen und schreiben kann Jeder, selbst in den niedrigsten Klassen. Auch große Liebhaber des Gesanges sind die Japaner, doch singen sie Alles mit einem Tone und in einer Leier.

Die herrschende Religion ist der Buddhismus. Die Tempel der Japanesen sind fenster- und lichtlos, sodass nur der schwache Schein, der aus den Vorhallen eindringt, die dunkeln Säulen, Schnitzwerke und Götzen gar schauerlich beleuchtet. Den Götzen bringt das Volk Fische und Reis als Opfer, welche, da die Götter selbst ohne diese irdische Speise bestehen, von den Priestern verzehrt oder verkauft werden. Zur Bequemlichkeit für die Vorübergehenden haben die Japanesen überall Betmaschinen aufgestellt. Auf diesen stehen Gebete, und daran befindet sich ein Rad, das sich leicht drehen lässt. Jede Umdrehung des Rades gilt für das Hersagen eines Gebetes, und wer recht fromm ist, dreht alle aufgeschriebenen

Gebete hinter einander ab, was freilich ungemein schnell geschieht.

Ehrerbietung und Gehorsam sind die Haupttugenden der Japanesen. Unterthänigkeit gegen die Eltern wird den Kindern schon in ihrer Jugend eingeprägt. Die Geringeren bücken sich vor den Vornehmeren tief und gehorchen ihren Vorgesetzten blind und furchtsam. Gewöhnlich biegen sie ihren Oberleib vorwärts und legen die Hände dabei an die Knie oder noch weiter herab, je nachdem die Ehrerbietung größer oder geringer ausgedrückt werden soll.

Merkwürdig ist die Sitte, das alle Beamte, wenn sie des Herrschers Auftrag nicht vollziehen können, sei es nun durch eigene Schuld oder wegen ungünstiger Umstände, sich durch einen Bauch-oder Gedärmschnitt das Leben zu nehmen verpflichtet sind.

Die Thronfolge in Japan ist erblich, ebenso alle öffentlichen Ämter. Es herrschen immer zwei Kaiser, ein geistlicher und ein weltlicher Jener besitzt ein Fürstenthum, mit dessen Einkünften er sich begnügen muss; dieser hat dagegen sehr bedeutende Einkünfte, und ihm sind alle kleineren Fürsten unterthan, die das Land in den Provinzen regieren.

In der strengen Handhabung der Gesetze sucht die japanische Regierung gewiss ihres Gleichen vergebens. Jedes

Familienoberhaupt ist verantwortlich für seine Kinder, Diener und die Fremden, die bei ihm wohnen. Zeigt ein Hausbesitzer es nicht sogleich an, wenn er bei seinem Nachbar eine Rechtswidrigkeit bemerkt, so wird er zur Strafe gezogen.

Der Handel ist seit einigen Jahren nicht mehr so beschränkt. Mit mehreren europäischen Großmächten sind die Japanesen jetzt in Handelsverbindungen getreten und der Kaiser hat erst kürzlich eine Gesandtschaft von 40 Personen nach Preußen geschickt, um mit dem Könige Verträge zu schließen. (1861)

Die Hauptnahrung der Japaner besteht in Feldfrüchten (vorzüglich Reis) und Fischen.

Auch Hühner, Enten und Fasanen sieht man häufig von den Vornehmen verzehren. Ein vorzüglicher Leckerbissen aber ist der Walfischspeck.

Die Bekleidungsweise ist nach Jahreszeit und Stand sehr verschieden. Bei den unteren Klassen laufen die Kinder im Sommer fast ganz nackt umher; im Winter dagegen werden sie mit Allem versehen, was gegen die Kälte schützt. Die höheren Klassen sind putzsüchtig und kleiden sich nach der neusten Mode von Yeddo am liebsten mit dunkelfarbigem, durchsichtigem Flor, worunter sie im Winter Stoffe von Kattun und dicke Hosen tragen. Die Füße bekleiden sie mit wollenen

Socken oder mit Pantoffeln von geflochtenem Stroh, welche mit Bändern festgebunden werden, und im Fuße ein eigenes Futteral für die große Zehe haben, ähnlich wie die europäischen Fausthandschuhe. Jedem hohen Beamten ist es erlaubt, seidene Hosen und zwei Schwerter zu tragen; kein Kaufmann kann es bis zu dieser Ehre bringen; nur durch vieles Geld und bedeutende Fürsprache ertheilt man ihm diese Erlaubnis, ein Schwert anlegen zu dürfen. Die ganze Kriegsmacht der Japaner besteht aus 120.000 Mann.

Armenien

Armenien, eine im Süden des Kaukasus gelegene, mehr als 3000 Quadratmeilen umfassende Landschaft, bildete in den ersten Jahrhunderten des Mittelalters ein unabhängiges Königreich; seitdem aber stand es abwechselnd unter arabischer, mongolischer, türkischer und persischer Herrschaft, und jetzt ist der westliche Theil den Türken, der östliche den Persern und der nördliche den Russen unterworfen. Das ganze Land ist von hohen Gebirgen durchzogen, zwischen denen sich fruchtbare Thäler mit einem überaus lieblichen Klima hinziehen. In der Mitte erhebt sich der riesige Ararat seine mit ewigem Schnee bedeckten Gipfel bis über die Wolken, und gewährt durch seine tiefen Abgründe und wild zerrissenen Felsenklüfte einen ebenso schauerlichen als erhabenen Anblick. Der nördliche Theil des Landes ist von Kur und Araxes, der südliche vom Euphrat durchflossen, und der Letztere enthält auch die umfangreichen Seen von Wan und Urmia. Das ganze Land eignet sich mehr zur Viehzucht als zum Ackerbau; doch gedeihen in den Thälern auch die schönsten Südfrüchte, während die Gebirge großen Reichthum an Eisen, Kupfer und andern Metallen haben.

Die Bewohner des Landes bekennen sich, mit Ausnahme der auf den Hochebenen nomadisierenden Tataren und hier und dort zerstreut wohnenden Türken, schon seit den ältesten Zeiten zum Christenthum. Sie sind ein ernstes, mäßiges, fleißiges und überaus kluges Volk, und da sie besondere Neigung zum Handel haben, so findet man in den allen Handelsstädten Russlands, Persiens und der Türkei armenische Kaufleute. Sie sind von mittlerer Größe und haben regelmäßige Gesichtszüge, eine olivenartige Haut und schwarze Haare und Augen. Durch den harten Druck, unter dem sie seit vielen Jahrhunderten leben, hat ihr Charakter etwas Verstecktes und

Kriechendes bekommen; auch fehlt es ihnen an Muth und kriegerischem Sinn. Außer dem Handel, der ihre Hauptbeschäftigung ausmacht, treiben sie auch Künste und Gewerbe aller Art; am wenigsten Neigung haben sie zum Ackerbau und Viehzucht, mit denen sie sich auch nur da beschäftigen, wo das Bedürfnis sie dazu nöthigt. In ihrem häuslichen Leben finden sich noch viele patriarchalische Gebräuche, welche an die Kindheit des Menschengeschlechtes erinnern. So hat der Vater eine uneingeschränkte Gewalt über seine Kinder, und diese hegen gegen ihn eine solche Ehrerbietung, dass sie sich in seiner Gegenwart niemals niedersetzen.

Stirbt der Vater, so erbt der älteste Sohn das Haus, und dieser wird nun zugleich das Oberhaupt der Familie, sodass auch seine Brüder und Schwestern ihm unbedingten Gehorsam schuldig sind.

Das Haupt der armenischen Kirche ist der Katholikos oder der Patriarch, der in dem Kloster zu Etschmiazin seinen Sitz hat. Er wird in einer Versammlung aller Erzbischöfe oder Bischöfe erwählt, und besetzt seinerseits die erledigten Bisthümer. Die ganze armenische Geistlichkeit ist sehr arm; denn sie lebt fast nur von den Gaben frommer Menschen.

Persien und die Perser

Persien hat einen Flächeninhalt von 26.450 Quadratmeilen und eine Bevölkerung, welche nur 4.400.000 beträgt. Es ist an der Grenze voll hoher Gebirge. Nur an der östlichen Grenze ist es offen. Am persischen Meerbusen ist der Boden sehr niedrig, und daher ist hier die Hitze in der heißen Jahreszeit kaum zu ertragen; aber nun steigt das Land immer höher hinauf. Daher ist die Luft für die südliche Lage nicht besonders heiß; ja in der nassen Jahreszeit ist sie sogar oft recht rauh und stürmisch. Der Boden ist zum Theil fruchtbar, aber die Einwohner sind zu träge, um ihn überall gut anzubauen, und die Regierung thut nichts, um den Fleiß zu beleben. Ungeachtet der vielen und hohen Berge hat Persien keinen einzigen bedeutenden Fluss, wahrscheinlich, weil die Gebirge fast immer wolkenlos sind, und also kein Wasser sich an ihnen aus den Wolken absetzen kann. Man muss sich daher so gut, wie man kann, mit gegrabenen Brunnen und Zisternen, in denen man das Regenwasser sammelt, behelfen. Der Himmel ist so rein, und die Sterne schimmern so glänzend, dass man des nachts beim Sternenschein lesen kann. Der giftige Sand Samum ist hier nicht selten.

Ungeachtet des geringen Anbaus hat Persien doch viele wichtige Erzeugnisse. Die Pferde sind hier so berühmt als die arabischen, schöne, leichte, stolze Thiere; Esel, wilde und zahme; Kamele; Buckelochsen und Büffel, Hirsche, Antilopen, Schakals, Löwen, Tiger und Hyänen. Obst aller Art, besonders edle Früchte wachsen im Überfluss; die Pfirsiche haben von Persien ihren Namen und sind hier zu Hause. Auch die Tulpen wachsen hier wild. An Apothekerwaren ist Persien besonders reich. Unter den Mineralien zeichnen wir besonders die köstliche Raphtha, ein feines Erdöl, aus. Man nennt es hier Mum. Das Beste ist durchsichtig und klar wie Wein und sammelt sich in einigen Höhlen nur in geringer Menge, wo allein der König es schöpfen lässt. Es wird in der Apotheke sowohl, als auch zu Räucherungen gebraucht. An der Küste wird viel Perlenfischerei betrieben.

Die Perser sind von mittlerer Größe, gewandt, muskelhaft, voll Feuer, die Hauptfarbe weiß, manchmal von der Lust her gebräunt. Ihre Züge sind meist schön und edel, ihre Sitten sind fein, höflich und gewandt, viel anschmiegender als die der ernsten Türken, aber sie sind unsittlicher und heuchlerischer.

Von den Persern muss man die Parsen unterscheiden, die hier und da in Persien wohnen. Dies sind die Nachkommen der alten Perser, gute, biedere, zuverlässige Leute, die sich mit Land- und Gartenbau, oder als Künstler und Handwerker redlich nähren. Sie sind Feueranbeter, d. h. sie verehren Gott unter dem Bilde des Feuers, und treiben daher auch keine Handwerke, zu denen Feuer erfordert wird. Auch löschen sie kein Feuer und blasen kein Licht aus.

Auch die Sitten der Perser sind morgenländisch, weichen aber von denen der Türken in manchen Stücken ab. Die Frauen, deren der vornehme Perser mehrere, oft 50-60 hat, leben wie in der Türkei im Innersten des Hauses, im Harem. Die, welche einen Sohn hat, wird die Ehrenfrau genannt, und hält sich für vornehmer als die anderen. Die armen Weiber haben den ganzen Tag nichts zu thun, und bringen ihre Zeit mit Putzen hin. Die Knaben bleiben, bis sie acht Jahre sind, bei den Müttern; dann nimmt sie der Vater zu sich, und gewöhnt sie an sein Geschäft. Stirbt der Mann, so werden seine Weiber für immer eingesperrt. Sie müssen ihn immer als ihren Herrn und sich als seine Sklavinnen betrachten. Kommt er zu ihnen, so gehen sie ihm entgegen, küssen ihm die Hände, trocknen ihm den Schweiß, und nehmen ihm das Oberkleid ab. Ebenso ehrerbietig müssen sich die Söhne gegen die Väter betragen. In Gegenwart derselben müssen sie stehen, und die Befehle des Vaters erwarten. Bei Tische warten sie blos auf.

Die persischen Häuser, sagt ein Reisender, sind sehr leicht bebaut, und bestehen meist nur aus einigen Zimmern, die gewöhnlich nach der Nordseite offen, d. h. statt der Wand, mit einer Reihe dicht aneinander befindlicher Fenster von buntem Glase versehen sind, die man des Nachts hinstellt, am Tage aber wegnimmt. Sämtliche Zimmer sind mit einer Menge kleiner Nischen versehen, die bei armem Leuten weiß, bei reichen dagegen mit sehr schönen Blumen, auch wohl mit Gold verziert sind. Die Diele ist von Stein, bei Reichen mit Teppichen, bei Armen mit Matten bedeckt. Man findet in den Zimmern weder Stuhl noch Tisch, noch Spiegel noch sonst ein Hausgeräth. Die Perser sitzen auf Teppichen oder niedrigen Polstern mit untergeschlagenen Beinen; ihre Pantoffel lassen sie vor der Thür. Das Essen wird ihnen auf Präsentiertellern gebracht, und will der Hausherr schlafen, so bringt man ihm ein rundes Kopfkissen, und so schläft er auf derselben Stelle. Spazierengehen ist bei ihnen etwas sehr Lächerliches und Gemeines.

Arabien

Arabien ist wohl viermal so groß als Deutschland, hat aber nur 4 Millionen Einwohner. Es ist größentheils eine sandige Hochebene und darum ohne Wald, ohne Regen, ohne Flüsse, unfruchtbar, menschenleer und wenig bekannt. Nur hier und da befinden sich in dem weiten Sandmeere wasser – und grasreiche, fruchtbare Inseln, die man Oasen nennt. Im Nordwesten liegt der Berg Gottes, Horeb, oder richtiger; das Gebirge; denn er hat etliche Stunden im Umfange und mehre Spitzen. Die Spitze, welche der Sinai heißt, ist etwas höher als Horeb, sie ist etwa 9000

Fuß hoch. Da, wo Moses vor Gott trat, steht eine Zypresse, und wo Elias betete, ein Haus. An und zwischen den Bergen trifft man mehre Kapellen und Moscheen und in einer Felsenschlucht das berühmte Katharinenkloster. Möchtest Du einmal hinein? O ja, Du darfst aber nur, wenn Du einen Erlaubnißbrief vom Patriarchen in Konstantinopel hast. Rufe nur dem Wächter zu, der oben auf der Mauer ist, und er lässt Dir ein Band herab und zieht Deinen Brief hinauf. Wird dieser richtig befunden, so lässt man Dir ein Seil herab, und ein Querholz ist unten daran. Da magst Du Dich draufsetzen und wirst hinaufgezogen. Ei wie sonderbar! Und wozu solche

Vorsicht? Die ist wohl nöthig genug; denn rings umher wohnen lauter arme Araber, betteln sich oft von den Mönchen Brot, plündern nicht selten ihre Gärten und würden es ohne Zweifel noch weiter treiben, wenn die Mauern des Klosters nicht zu hoch, und seine Thore nicht immerwährend verschlossen wären. Dicht am Sinai gibt es Quellen, und da ist es fruchtbar, aber weit umher ist nichts als Wüste, die Wüste, in der Gott sein Volk 40 Jahre lang speiste und tränkte.

Die Araber stammen von Abraham ab und sind wie ihre Brüder, die Juden, sehr weit verbreitet, im ganzen Morgenlande. "Dein Same soll werden wie Sand am Meer!"

sieht man an ihnen erfüllt. Sie sind ein schönes und kräftiges Volk. Die, welche im Südwesten und Südosten wohnen, bauen an ihren Bergen den berühmten arabischen Kaffee, Durra (Getreide), Datteln und Gummibäume, deren zähes Harz Euch wohl bekannt sein wird.

Die in den Oasen wohnenden heißen Beduinen (Kinder der Wüste) und weiden ihre Kamele und trefflichen Pferde - die schönsten der Welt - und Kühe und führen ein höchst armseliges Leben. Ist eine Stelle abgeweidet, so ziehen sie mit ihren Zelten und mit ihren Herden weiter. Städte und stehende Dörfer gibt es dort nicht. Vorbeiziehende Reisende werden geplündert, wenn ihrer nicht so viele sind, dass sie sich wehren können. Raub hält der Beduine für erlaubt, „ seine Hand ist wider Jedermann". "Wir stammen von Ismael ab, und dem gebührte das Erbe, das Isaak zu Theil wurde; wir wollen es wieder in das Gleiche bringen!" sagen diese Räuber, und galten damit ihre That für entschuldigt. Kommt ein Armer durch ihr Land, so wird derselbe gastfrei aufgenommen, und der Emir (der Oberste im Zeltdorfe) muss ihn über Nacht beherbergen und bewirthen. "Gott segne Dich!" sagt man ihm am andern Morgen, und schickt ihn freundlich weiter. Wie stimmt das aber mit jener Raubsucht, und was ist die Mutter derselben? Nichts als die bittere Armuth, Nichts als Hunger und Blöße. "Deine Schwester ist arm; Dein Bruder ist unbekleidet!" ruft der Beduin dem Reisenden zu, und zieht ihm seine Kleider aus.

Gibt es denn gar keine Städte in Arabien? O doch; Etliche, aber nicht viele und doch nur Kleine. In Mekka steht die Kaaba. Das ist das kleine, viereckige heilige Gotteshaus, das schon Abraham erbaut haben soll. Zum Bau desselben, erzählt man weiter, habe der Engel Gabriel einen weißen Stein herbeigeschleppt; dieser sei aber aus Trauer über der Menschen Sünden schwarz geworden. Jeder Muselmann sucht diesen

Stein ehrerbietig zu küssen oder wenigstens zu berühren. Als Muhameds Geburtsort ist Mekka der Mittelpunkt seiner Religion geworden; es wenigstens einmal in seinem Leben zu besuchen, ist die fünfte Pflicht eines Muhamedaners. Wer nicht kann, darf auch Jemand anders für sich schicken. In der Nähe zeigt man noch Ruinen des Schlosses, in welchem die Königin von Saba wohnte, die zu Salomo kam. Medina mit dem Grabe Muhameds ist ein anderer Wallfahrtsort.

Mokka, eine sehr herabkommende Stadt, ist durch die Ausfuhr von Kaffee und durch seinen Handel mit Gummi, Weihrauch und Myrrhen wichtig. Die Bewohner der Städte und Dörfer sind weit geringer an Zahl als die Beduinen. Eben so wenig wie diese einen einzigen Staat bilden, gehorchen sie einer Menge Fürsten, von welchen keiner unumschränkt herrscht.

Die Araber besitzen eine merkwürdige Geistesgegenwart, viel Schlauheit und Scharfsinn; auch fehlt es ihnen nicht an Fassungskraft und Anlagen für die Wissenschaften. Ihre Leidenschaften sind heftig, ihr Zorn ist schrecklich, die Rache eine Pflicht, Verzeihung einer Beleidigung gereicht zur Schande. Sie haben eine glühende Einbildungskraft, brauchen im Sprechen viele Bilder und lieben besonders Märchen und wunderbare Erzählungen.

Madagaskar

Sie ist die größte Insel der Erde, denn sie hat eine Länge von 240 Meilen und einen Flächeninhalt von 11.000 Quadratmeilen. Der Kanal von Mosambik trennt sie vom festen Lande Afrikas. Sie ist uns im Innern fast noch ganz unbekannt, und selbst von den Küsten kennen wir nicht viel. Wie meist bei Inseln, so erhebt sich auch hier das Land vom Ufer nach der Mitte zu, wo lange Gebirgsreihen die Insel von Norden nach Süden durchziehen, deren Spitzen den Alpen an der Höhe gewiss nichts nachgeben. Als Hausthiere hat man Rinder, die auf dem Rücken einen Fettbuckel haben, Ziegen, Schafe mit Haaren, statt der Wolle, und mit Fettschwänzen, Hunde und Schweine. In den Wäldern gibt es Affen, Zibetkatzen, Stachelschweine und große Fledermäuse, die gegessen werden und recht gut schmecken sollen. Aber reißende Thiere findet man hier nicht. Alle Reisende rühmen den sehr üppigen Pflanzenwuchs von Madagaskar. Die Wälder sind voll der herrlichen Bäume, und durch Schlingpflanzen zum Theil so verwachsen, dass man sich kaum hindurcharbeiten kann. Manche Bäume erreichen eine solche Größe, dass man aus Einem Stamm einen bedeutenden Kahn zimmern kann. Das Bambusrohr wird so hoch und stark, dass man daraus eine Menge Hausgeräthe bereitet: Wassereimer, Flaschen, Tragsessel, kleine Kähne; aus den faserigen Theilen flechtet man Matten, und das feine Rohr spitzt man zu Schreibfedern zu.

Die Einwohner gehören zu den schönsten unter den wilden Nationen. Sie sind groß und wohlgebaut; ihr Haar ist kraus, ihre Farbe schwarz oder olivengrün. Sie haben die Tugenden und Fehler der meisten wilden Völker; sie sind gastfrei, ernst und überlegend, aber auch rachsüchtig und grausam gegen ihre Feinde. Sie gehen meist nackt und schlagen nur ein Tuch um ihre Hüften. Arme, Hals, Beine und Haare sind mit Perlen, Korallen und Stückchen Metall geschmückt. Die Kinder werden von den Müttern in einem Tuch auf dem Rücken getragen. In den Ohren tragen sie Ringe, und Manche machen die Ohrlöcher so weit, dass sie Scheiben von Silber, fast so groß wie ein Zweithalerstück, hineinstecken, und nichtselten reißt das Fleisch entzwei. Die Madagassen leben in größeren und kleineren Orten beisammen. Ihre Häuser werden aus Palmen gebaut. Aus den Latten macht man die Wände und flecht die Blätterstengel dazwischen; mit den Blättern deckt man das Dach. Die Männer sind sehr faul, wie fast in allen Ländern, wo die Natur so freigebig ihre Gaben darreicht. Sie bringen den größten Theil ihres Lebens in ihrer Hütte zu, hingestreckt auf einer Matte und sich etwas auf einem einsaitigen Instrumente vorspielend. Wenn ein Madagasse reist, so findet er überall eine gastfreundliche Aufnahme. Er kann in jedes Haus eintreten und sich, ohne zu sprechen, auf die Matte niedersetzen. Der Wirth redet ihn freundlich an, und bringt ihm Essen und Trinken. Ihre Religion ist eine heidnische. Sie glauben an ein gutes und böses Wesen. Das Gute verehren sie nicht, aber das böse, weil sie sich vor ihm fürchten. Ihr Hauptreichthum besteht aus Rinderherden; sonst bauen sie auch Reis und gehen auf den Fischfang aus.

Die Einwohner bestehen aus mehreren Stämmen, und haben daher auch mehrere Fürsten, die zum Theil ganz willkürlich regieren. Die Europäer stehen mit mehreren derselben in freundschaftlichen Verhältnissen, haben auch versucht, an der Küste Niederlassungen zu gründen; aber diese Versuche sind aufgegeben worden, weil die Einwohner die Fremden nicht dulden wollten. Nur einige Missionare halten sich unter den Eingeborenen auf, und haben schon viele derselben zu Christen gemacht.

Siam und seine Bewohner

14.535 Quadratmeilen und 6.299.000 Einwohner

Die große siamesische Ebene liegt zwischen zwei Gebirgszügen, die beinahe gleichlaufend von Norden nach Süden sich erstrecken, und wovon der östliche bei Kambodscha, der westliche an der Südspitze der Halbinsel Malakka das Meer erreicht. Das Land gewinnt noch fortwährend durch Anschwemmung an Uferausdehnung.

In Siam gibt es nur eine trockene und nasse Jahreszeit. Wie Ägypten ein Geschenk des

Nils, so ist Siam ein Erzeugnis des Menam. Im August überschreitet der Menam seine Ufer und verwandelt die Wohnungen der Menschen in Inseln. Trotz dem ist das Klima nicht ungesund; Wechselfieber sind zwar häufig, aber sehr gutartig; nur die „Waldfieber", von denen die höher gelegenen, mit Urwald bedeckten Gegenden heimgesucht werden, sind zu fürchten, denn sie enden in der Regel mit dem Tode.

Siam ist ein höchst fruchtbares Land; ohne große Mühe wächst der Reis in den überschwemmten Fluren, wovon sich das Volk nährt. Trotz dieser Fruchtbarkeit beträgt die Bevölkerung Siams nur

6.299.000. Davon sind ein Drittel Siamesen, ein Viertel Chinesen und der übrige Theil Malaien und Laoesen. Geschmückt ist mit den meisten Pflanzen der heißen Zone. Die Familie der Palmen ist außerordentlich zahlreich. Die Kokospalme, die Feige, die Orange, Banane, der Brotbaum und das Bambusrohr, welches hier so dick wie ein Mannschenkel wird und eine Höhe von 50-60 Fuß erreicht, gedeihen in Menge. Außerdem besitzt Siam viel kostbare Farbehölzer, auch ist das Gutta-Percha dort heimisch. Eine Bananenart liefert den köstlichen Firniß, welchen wir am chinesischen Hausgeräth bewundern. In der Luft trocknet der Saft dieses Baumes zu einer festen Masse ein, die glänzend schwarz wird. Die Vergoldungen mit Anwendung, dieses Firnisses sind außerordentlich haltbar und widerstehen Regen und der größten Hitze.

Nicht minder mannigfaltig ist die Thierwelt Siams. Dem weißen Elephanten wird hier große Ehre erwiesen. Sobald ein solcher eingefangen wird, bringt man ihn nach der Hauptstadt, woselbst ihn die höchsten Staatsbeamten empfangen. Hierauf verleiht ihm der König den Rang eines Mandarins erster Klasse. In großem Pomp wird er nach dem Stall geführt und erhält einen Hofstaat von hohen Beamten und Sklaven, welche ihm in goldenen und silbernen Gefäßen mit

Kuchen, Zuckerrohr, Bananen und andern leckeren Früchten aufwarten. Wird er krank, so verordnet man ihm einen Hofleibarzt. Stirbt er, so wird das ganze Land in Trauer versetzt.

Das Rhinozeros wird in Siam gejagt und seine Haut als Leckerbissen verspeist. An Tigern fehlt es auch nicht. Affen, Zibetkatzen, Hasen sind häufig vorhanden. Der Rabe ist so häufig, dass er den Siamesen zur Last wird; er ist so dreist, dass er in die Häuser eindringt, Kinder und alten Frauen den Kuchen aus der Hand nimmt und die Kochtöpfe ausräumt. Mit Krokodilen, Schlangen, Fröschen und Kröten ist Siam auch reichlich gesegnet.

Die weißen Ameisen richten große Verheerungen an. Die Porzellanmuschel gilt als Scheidemünze.

Die Siamesen bekennen sich zum Buddhismus. Nach ihren Begriffen von der Seelenwanderung müssen die Buddhas sich bald in weiße Affen, weiße Spatzen oder weiße Elephanten verwandeln.

Alle Siamesen gehören zur mongolischen Rasse. Die pechschwarzen und harten Haare werden in einem Büschel auf der Höhe des Schädels getragen, die übrigen geschoren. Reiche Leute lassen sich die Nägel wachsen: Junge Damen und Stutzer färben sie roth. Jeder „Gebildete" hält auf schwarze Zähne, die mit einem chinesischen Pulver gefärbt werden und zu deren „Schönheit" das bete- und Tabakkauen nicht minder beiträgt. Kopf und Füße der Siamesen sind nicht bedeckt; nur die Reichen tragen Sonnenschirme. Vom Oktober bis Februar trägt man ein blousenartiges Obergewand; in den übrigen Monaten schlingen sie nur ein Stück indisches Zeig um ihren Körper. Geschmeide wird sehr geliebt und mit Ausnahme der Sklaven von Allen reichlich getragen.

Von Charakter sind die Siamesen sanft, leicht, sorglos, schüchtern und lustig: Sie kennen weder Zorn noch Ungeduld, noch Zank. Ihrem König beweisen sie einen blinden Gehorsam, weshalb auch in Bangkok, trotz einer Bevölkerung von 500.000 Einwohnern, Unruhen etwas Seltenes sind. Für die Reisenden sorgt man und erbaut eigene Häuser zum Obdach der Pilger längst den Flussufern.

Die Kinder bezeugen den Eltern die größte Achtung. Eltern dürfen ihre Kinder als Sklaven verkaufen. Die Ehe ist ein Kaufkontrakt. Der Bräutigam erhandelt von den Eltern seine Braut. Reiche Leute nehmen mehrere Frauen, doch gilt die erste Frau einzig als die rechtmäßige. Der Mann hat das Recht, seine Frau zu verkaufen, wenn sie ihm keine Mitgift mitgebracht hat.

Die Sklaven werden als Dienstboten und sehr wohlwollend behandelt.

Ackerbau, Garten- und Obstbaumzucht stehen bei den Siamesen im Flor. Zuckerrohr, Pfeffer und Tabak bringen ihnen einen großen Gewinn. Seeschifffahrt wird weniger betrieben; nur Küsten- und Flussschifffahrt ist beträchtlich.

Wegen ihrer Friedensliebe besaßen die Siamesen früher kein stehendes Heer; erst jetzt hat der König eine Armee von 40.000 Mann, welche von englischen Offizieren nach europäischer Art ausgebildet werden. Bewaffnet sind die Soldaten mit Degen, Lanzen, Flinten, Pistolen und Hellebarden.

Die Regierungsform ist despotisch.

Der Verkehr Siams mit den Nachbarstaaten ist sehr gering; China bildet die einzige Ausnahme. Vor den Engländern und Franzosen hat das siamesische Volk Furcht; nur den Portugiesen schenkt es Vertrauen und diese haben seit vielen Jahren in Bangkok einen Handelsrichter.

Die Anden

Die Anden, oder die Cordilleren nennt man eine lange Gebirgskette, welche ungeheuer hohe Gipfel hat, in der Nähe des Magelhanischen Meerbusens sich zu erheben beginnt und sich durch das Königreich Chili und die Provinz Buenos-Ayres bis nach Peru und Quito zieht, wo sie schmaler wird und sich gleichsam zusammendrängt, um die Landmenge von Panama durchlaufen zu können. Sodann wird sie wieder breiter, erstreckt sich durch die Königreiche Nicaragua, Guatemala, Corta-Rica, San-Miguel. Mexiko, Gayaca und Puebla, und eine Menge Gebirgszweige laufen von hier aus, welche gleichsam Südamerika mit Nordamerika verbinden zu wollen scheinen. Die Ausdehnung dieses Gebirges beträgt 4300 Meilen.

Hier erscheint die Natur in ihrer ganzen Pracht. Was sie hier bewirkte, ist größer, erhabener, kühner, als in irgendeinem anderen Welttheile. Europa, Asien und Afrika bieten in der That nichts so Erhabenes dar, was mit den Anden verglichen werden könnte. Der berühmte Pik auf Teneriffa weicht ihnen sogar in Rücksicht de Höhe, und schon die Ebene von Quito, welche für ihre Basis gelten kann, liegt höher über dem Spiegel des Meeres, als die meisten Berggipfel der

Alten Welt. Stets in Wolken gehüllt und mit ewigem Schnee bedeckt, welchen die Sonnenstrahlen der heißen Zone nicht zu schmelzen vermögen, gebieten die Anden gewissermaßen den Blitzen, dem Donner und den Stürmen. In dichterischer Sprache könnte man sagen, dass sie nicht zufrieden seien, von dem ewigen völlig unzugängliche Gipfel erhalten zu haben; sie wären auch eifersüchtig genug, über diese Unzugänglichkeit zu wachen, und umhüllten sich deshalb mit dem geheimnisvollsten Dunkel, um sich jeder Forschung zu entziehen.

Trotz aller Hindernisse haben einige Reisende doch die Verwegenheit gehabt, in diese Gebirge einzudringen, und wenn ihre Versuche auch nicht völlig von Glück gekrönt wurden, so kann ihnen doch der Verdienst nicht abgeschritten werden, dass sie die Erdkunde dabei bedeutend erweiterten, dass sie die unter der heißen Zone gelegenen Theile der Anden besonders durchforschten und eine Höhe von 18.000 Fuß über dem Meeresspiegel erreichten.

Die ausgezeichnetsten Punkte von der Kette der Anden sind der Chimborasso, der Cotopacsi und der Pichincha. Schon die Ebene von Quito, die den Anden, wie bereits gesagt, zur Basis dient, ist schwer zu erklimmen. Die Straße von Tarigagua, die dahin führt, ist höchst unbequem. Man denke sich einen fast senkrecht aufsteigenden Weg und einen so jähen Absturz, dass die Maulesel auf das Behutsamste vorwärtsschreiten müssen, um in aufrechter Stellung zu bleiben. Um die schroffen Anhöhen hinabzukommen, machen sie es folgendermaßen. Sobald sie an der abschüssigen Stelle angelangt sind, bleiben sie stehen, setzen ihre Vorderfüße hart aneinander und rücken so etwas vorwärts, als wollten sie sich anklammern. Ebenso stellen sie die Hinterfüße zusammen und rutschen mit ihnen gleichfalls in einer solchen Stellung vorwärts, als wenn sie niederkauern wollten. Sobald sie soweit sind, rutschen sie noch einige Schritte bis an den jähen Abhang, gleichsam um den Weg zu prüfen und ohne ihre Stellung zu ändern, gleiten sie dann mit einer solchen Schnelligkeit hinab, dass man sagen könnte, der Wind habe sie hinabgeweht. Unterdessen hat der Reiter nichts weiter zu Thun, als sich ganz ruhig zu verhalten; denn bei der geringsten Bewegung würde das Maulthier das Gleichgewicht verlieren und abstürzen.

Bedauernswürdig ist die Gewandtheit und Klugheit dieser Thiere, die bei einem Abhange, wo die Besorgnisse hegen zu müssen glauben, die verschiedenen Krümmungen des Weges verfolgen, als hätten sie ihn vorher ausgekundschaftet und ihn genau berechnet, um nicht durch seine Unregelmäßigkeiten vom rechten Pfade entfernt zu werden. Obgleich die Maulthiere sich an diese gefahrvollen Wege schon gewöhnt haben, so lassen sie, doch jedes Mal, wenn sie an einen solchen gelangen, eine Art von Furcht blicken. Sie bleiben stehen, ohne dass man nöthig hat, den Zügel straff anzuziehen, und gibt man ihnen aus Versehen die Sporen, so wirkt das nicht im geringsten auf sie, sie rühren sich nicht eher von der Stelle, als bis sie ihre Vorsichtsmaßregeln genommen haben; dem Reiter machen sie durch starkes Schnauben auf die bevorstehende Gefahr aufmerksam. Wenn ein Maulthier diese gefährliche Rutschfahrt mehrere Male gemacht hat, so gelangt es zu einer gewissen Art von Ansehen.

Die wenige Sorgfalt, mit welcher man diese Wege unterhält, die häufig durch Gebirgsschluchten und schroffe Felsen führen, vermehren noch sehr die natürlichen Schwierigkeiten. Wenn ein entwurzelter Baum quer in den Weg hineinfällt und ihn versperrt, so glaube man ja nicht, dass man sich die Mühe gebe, ihn wegzuschaffen. Und obgleich Alle, welche die Straße ziehen, solche Hindernisse nur mit vielen Umständen überwinden, so ist doch Niemand gegen die ihm nachfolgenden so gefällig, dass er den Baum entzweihiebe. Diese Bäume sind häufig so stark, dass sie anderthalb Ellen im Durchmesser halten. Sind sie von solcher Stärke, so hauen die Indianer vermittelst eines Beiles so viel weg, als sie es für nöthig erachten, um das Maulthier darüber hinwegspringen zu lassen zu können. Zu dem Ende nehmen sie dem Thiere die Last ab, und so überwinden sie denn die Hindernisse, jedoch mit vielem Zeitverlust und nicht ohne noch manchen Schaden dadurch zu erleiden. Nach allen diesen Anstrengungen lassen sie den Baum so liegen, wie sie ihn gefunden haben, und die, welche nach ihnen kommen, machen es nicht um ein Haar besser. Der Baum liegt nun so lange auf dieser Stelle, bis er durch die Witterung in Fäulnis geräth und die Straße dadurch wieder frei wird.

Dom Ulloa erzählt in der Beschreibung seiner Reise nach Quito, dass er, nachdem er neun Tage lang auf die beschriebene Weise das Gebirge entlang gereist, an eine Stelle gelangt wäre, die ganz mit einem weißen durchsichtigen Schnee bedeckt gewesen sei. Die Strohhütte, in derer die ersten Nächte zubrachte, schützte ihn nicht gegen die strenge Kälte, indes verlor er den Muth nicht, er machte sich den dritten Tag wieder auf den Weg, und so gelangte er in einer entzückende Ebene, in der ein ewiger Frühling herrschte und welche die Natur mit allen ihren Schätzen überhäuft hatte. Er fand hier eine reine Luft, einen heiteren Himmel, immergrüne Bäume, Auen, welche die schönsten Blumen bedeckten, Quellen, Bäche, Flüsse, denen nichts mangelte, was die Sinne Bezauberndes nur wünschen konnten, und am Ende dieses köstlichen Thales erhob sich die schöne Stadt Quito.

Thierleben in Mittel-Amerika

In Gegenden, wo die Luft am wärmsten und feuchtesten und die Vegetation (Pflanzenleben) am buntesten und großartigsten auftritt, da sind die Leiden des tropischen Naturlebens gewöhnlich am drückendsten, da hauchen die verwesenden Körper im Grunde des Waldes die schädlichsten Dünste aus. Schwächende, entnervende Fieber verschonen selten einen Fremden, der lange Zeit in den tropischen Wäldern der Küste verweilte.

In der Flora der heißen Tiefgegend Central-Amerikas kommen nicht nur die stärksten Giftkräuter, sondern auch viele Pflanzen vor, die bei der geringsten Berührung schmerzliches Brennen und selbst Hautauschläge bewirken. Die Zahl der Gewächse, welche mit Stacheln und spitzen Dornen bewehrt sind, ist zwischen den Wendekreisen unendlich größer als im Norden. Man findet sie besonders unter den Palmen, Momosen, Bromelien, Agaven und Cacteen. Kein Jagdausflug, kein Gang durch pfadlose Waldstellen ist frei von kleinen Leiden. Doch sind alle Tücken der Vegetation nicht mit den Plagen zu vergleichen, welche den Waldbesucher hier von Seiten der Thierwelt bedrohen.

Die Raubthiere, die großen Katzen, sind noch am wenigsten gefährlich. Der Jaguar, die stärkste und blutdürstigste Art der amerikanischen Katzen, ist trotz einer Stärke und seiner Wildheit ein feiges, menschenscheues Thier. Er verbirgt sich am Tage in den dichtesten Buschgegenden, und flieht selbst die Nähe des einsamen Rancho, sobald er Menschen wittert. Es ist uns nicht ein einziger Fall aus den Mittheilungen glaubwürdiger Bewohner des Landes bekannt, dass der Jaguar jemals ungereizt einen erwachsenden Menschen angegriffen hätte. Er flieht auch den Jäger, solange es ihm möglich ist, retiriert im äußersten Fall immer auf die höchsten Bäume und zeigt nur dann grimmigen Widerstand, wenn ihm die Hunde jede Möglichkeit zur Flucht abgeschnitten haben.

Es gibt noch ziemlich viele Jaguare, besonders in der Nähe der Llanos am stillen Ocean. Sie erwürgen aber dort nur die schwächsten Thiere des Waldes und der Herden und greifen selbst Kühe und erwachsene Pferde nicht leicht an. Noch feiger und menschenscheuer ist der Puma oder der amerikanische Löwe, der sich noch mehr als der Jaguar im tiefsten Dickicht zu verbergen weiß. Mehr Furcht als die wilden Katzen flößen dem Jäger die großen

Stachelschweine ein, welche immer herdenweise erscheinen und in der That sehr gefährliche Thiere sind, wenn man sie reizt.

Schlangen der giftigsten Art sind zwar in Central-Amerika heimisch, finden sich jedoch ziemlich selten und verbergen sich unter Büschen oder umgestürzten Waldstämmen an den dichtesten Waldstellen. Die südamerikanische Klapperschlange, die nicht sie schöne Rückenzeichnung der nordamerikanischen Art hat, kommt mehr in lichten und trockenen, steinreichen Gegenden, als in Wäldern vor. Sie ist unter allen Schlangen des Landes, die am wenigsten gefürchtete.

Viel giftiger und fast immer tödlich ist der Biß der verschiedenen Viperarten, die man in den östlichen Waldungen Costa Rica's findet. Darunter heißen die beiden gefährlichsten Arten nach der Benennung der Eingeborenen: Toboba und Culebra del sangre. Den schnellen Tod aber bringt der Biss einer großen, prächtig gefärbten und zierlich gezeichneten Elaps oder Korallenschlange, die besonders an den südwestlichen Küstengegenden vorkommt. Sie liegt meist träge an feuchten Stellen, ist aber so giftig, dass ihr Biss kleinere Thiere fast augenblicklich, Menschen in weniger als zehn Minuten tötet.

Noch größeren Schrecken flößt in denselben Gegenden den Eingeborenen die Erscheinung einer Schlange ein, welche sie „ EL Cantil „ nennen.

Die traurigste Schattenseite des tropischen Waldlebens ist die Insektenplage. Keine Jahreszeit ist davon frei. Nur die Gattungen und Arten dieser Quäler wechseln nach den Monaten und nach den Ortsbeschaffenheiten. Je feuchter die Luft und die Waldstelle, desto größer ist die Zahl der Mosquitos, Sancudos, der Jehenes, der Sandfliegen und ähnlicher Dipteren, die mit empfindlichem Stachel oft noch ein unleidliches Summen verbinden. Wer nicht mit einem soliden Mosquitonetz versehen ist und es kunstgerecht aufzuhängen weiß, dem gönnen diese kleinen Peiniger keinen Schlaf, keine schmerzlose Minute. In vielen Gegenden ist die Plage selbst am Tage unbeschreiblich. Je trockener die Jahreszeit und der Wald, desto massenhafter erscheinen die kleinen Garapaten, Baumläufe von spinnenförmigen Ansehen, die sich bei der geringsten Berührung eines Busches an die Kleider des Wanderers festsetzen und in die Haut eintreffen.

Auch die Thiere haben von den Insekten schwer zu leiden. Die blutsaugenden Fledermäuse sind in den Llanos die Plage der Herden und der Schrecken der Hacienda-Besitzer. In den Grasebenen von

Guanacaste im Staat Costa Rica kommt eine große Erdspinne vor, die alljährlich Hunderte von Pferden durch ihren Biss am Fuß tötet, welche Eiterung erregt, und infolgedessen die Pferde ihre Hufe verlieren.

Nicht so stetig ist in diesem Lande die furchtbare Erscheinung der Wanderheuschrecken. Man rechnet zweimal in jedem Jahrhundert auf ihren Besuch. Wenn sie aber einmal da sind, so setzen sie ihre Verheerungen drei bis vier Jahre hintereinander fort, und verschwinden dann plötzlich aus unbekannten Ursachen, nachdem sie der Anwendung aller menschlichen Zerstörungsmittel getrotzt hatten. Diese Plage stellte sich leider während unseres Besuches in Mittel-Amerika in den Jahren 1853 und 1854 ein. Sie hatte, wie gewöhnlich, gänzliche Missernten in diesen Regionen und Hungersnoth zur Folge. Die Heuschrecken kommen aus dem Süden wolkenartig geflogen. Sie verbreiten sich zuerst über Costa Rica und Nicaragua und erschienen erst ein halbes Jahr darauf in San Salvador, Honduras und Guatemala.

Wenn die Schwärme dieser geflügelten Locustiden sich der Erde nähern, so verbreiten sie ein eigenthümlich schwirrendes Geräusch. Nur einzelne kleinere Schwärme verirren sich in die höheren Andesregionen von 4000 bis 5000 Fuß und besuchen selbst die Hochebene von Guatemala, zogen sich aber bald wieder von dort in die tieferen, wärmeren Gegenden zurück. Es erneuern sich davon drei Generationen in jedem Jahr, und die junge Brut bleibt drei Monate lang kriechend und hüpfend auf Büschen und Bäumen, bis sie Flügel bekommt und ausgewachsen ist. Dann erheben sich die Heuschrecken plötzlich in großen Schwärmen, rauschen hoch in der Luft über den Urwald hin und lassen sich fast immer nur an gelichteten Stellen nieder; denn die lieben mehr die Kulturpflanzen, als die wilde Waldvegetation, und nehmen mit letzterer gewöhnlich erst vorlieb, wenn sie eine Plantage rein abgefressen haben.

In unabsehbaren Massen von diesen tausend Millionen sahen wir diese Orthopteren während des Sommers 1854 in den Llanos und Wäldern des Staates Guatemala zwischen Esquintla und Jtapa. Alle versuchten Mittel des Schreckens wie der Zerstörung durch Trommeln, Schellen, Gewehrschüsse oder durch Anlegung von Gräben und Anzünden großer Feuer konnten die dortigen Mais- und Zuckerpflanzungen nicht retten. Die Heuschrecken ließen sich auf ihrem Verheerungszug nicht aufhalten, und die Millionen, welche man tötete, wurden durch nachrückende Millionen zehnfach wieder ersetzt. Sie waren noch ungeflügelt, und in diesem Alter bewegen sie sich mehr gehend als hüpfend.

Die Annäherung einer Kolonne verkündigt ein Geräusch auf den Blättern der Büsche, welches ganz ähnlich einem fallenden Platzregen ist. Nur wenn das Kommen eines schweren Körpers einige Gefahr merkt, erheben sie sich in starken Sprüngen, um dann wieder ruhig ihres Weges zu ziehen. Wir haben solche Wanderkolonnen beobachtet, die eine Breite von 300-400 Fuß und eine Länge von einer Viertelmeile hatten. Entlaubte Bäume und Büsche bezeichneten den Weg, den sie genommen. An einigen Stellen drängten sie sich in den dichtesten Massen zusammen und bildeten da ein scheußliches Gewimmel von vielen Hunderttausenden. Die Pferde scheuten oft, wenn sie, über eine solche Kolonne weggehend, die ungeheuren Massen der aufspringenden Grashüpfer zwischen ihren Beinen und ihrem Leibe sahen, hörten und spürten.

Tunis

Tunis liegt an dem Theile der Nordküste, der sich mit den Vorgebirgen Blanko und Bon endet, und wo im Alterthume das reiche Karthago la. Im Allgemeinen ist das Land so beschaffen wie Tripoli. Der Atlas zieht sich quer hindurch, und trennt das eigentliche Tunis von dem südlicher liegenden Biled-ul Gerid. Der Boden ist unfruchtbar und gibt den Einwohnern ohne große Mühe mehr, als sie bedürfen. Das Klima ist, wie überall in der Berberei angenehm, bis auf den Juli und August, wo die Gluthwinde, die aus dem Inneren von Afrika kommen, Alles versengen. Thüren und Fenster werden dann fest verschlossen, und der Fußboden wird mit Wasser und Weinessig besprengt. Wie in Tripoli theilen sich hier die Einwohner in Araber und Mauren, zwischen denen großer Hass herrscht. Die Araber sind ebenso freiheitsliebend und roh wie dort, und die Mauren ebenso unwissend, stolz, betrügerisch, abgefeimt und undankbar. Einen Christen zu betrügen, ist ihre Größte Freude. Je weniger der Maure eine erhaltene Beleidigung vergisst, desto leichter eine empfangene Wohltat. Seine Pflicht thut er nur, wenn er dazu durch Gewalt gezwungen wird. Ein Europäer sah einst, wie ein Maure Stockschläge bekam, weil er die Steuern nicht hatte entrichten wollen. „Wäre es nicht vortheilhafter für dich gewesen, "sagte er „wenn du sie gegeben hättest, ohne dich erst misshandeln zu lassen?" – „Wie," rief jener voll Erstaunen, „ich sollte die Steuern ohne Stockschläge geben?"

Wie nach Tripoli, so kommen auch nach Tunis Karawanen aus dem Innern Afrikas und die waren, welche sie bringen, Straußfedern, Tiger-, Löwen-und Leopardenfelle, Elfenbein, Goldstaub u.a, werden zu Wasser nach Europa weiter versendet. Das Oberhaupt von Tunis ist der Bey, der zwar unter dem Schutze des Großsultans steht, aber von den Soldaten gewählt wird. Er herrscht ganz unumschränkt, und ein Wink reicht hin, um die Schuldigen ins Gefängnis, oder um ihren Kopf zu bringen. Das Kopfabschneiden ist hier wie in der ganzen Berberei die gewöhnlichste Todesstrafe, der sich Jeder, den sie trifft, mit der größten Gelassenheit hingibt, sobald der unabänderliche Wille des Bey es gebietet.

Vom alten Karthago sind nur noch schwache Spuren übrig. Man sieht nichts als Ruinen einiger Amphitheater, Brunnen und Cisternen. Aber neuerdings sind interessante Nachgrabungen unternommen worden.